27
Ln 14426.

NOTICE

SUR

PIERRE MOMMÉJA

MORT DANS SA 19° ANNÉE;

Par M. le Pasteur ***.

TOULOUSE,

CHEZ TARTANAC, LIBRAIRE,
Rue du Collége-Royal, 14.

1846.

Publié par la Société de Livres religieux
de Toulouse.

TOULOUSE, IMP. DE A. CHAUVIN ET COMP.,
Rue Mirepoix, 3.

NOTICE

SUR

PIERRE MOMMÉJA

Mort dans sa 19ᵐᵉ année.

———

 Le frère dont nous regrettons la perte prématurée ayant laissé, dans l'Eglise de Caussade, un précieux souvenir par sa foi et par ses vertus chrétiennes, plusieurs personnes pieuses m'ont engagé à mettre par écrit son édifiante histoire. Je me suis acquitté de cette tâche, les larmes aux yeux, mais plein de reconnaissance envers le Seigneur qui nous avait donné, en notre jeune frère, l'exemple d'un serviteur vigilant et fidèle. Pierre Momméja nous parlera donc encore après sa mort. Vous qui lirez ce simple récit, ne le méprisez point, recevez-en plutôt quelque instruction, et regardez-le comme un nouvel avertissement de votre Père céleste qui ne veut pas que vous périssiez, mais que vous soyez sauvés. Ainsi soit-il.

Pierre Momméjà reçut le jour dans un petit hameau, nommé Bénech, situé à un demi-quart de lieue environ de la ville de Caussade, dans le département de Tarn-et-Garonne. Son père et sa mère appartiennent à une famille estimable de cultivateurs; ils jouissent, sous le rapport des biens temporels, d'une fortune honnête, et il leur reste encore six enfants, quatre filles et deux garçons, dont l'aîné est enrôlé sous les drapeaux de la patrie.

Pierre Momméjà se distingua de bonne heure par son intelligence; ses progrès dans les diverses écoles primaires qu'il fréquenta, furent extrêmement rapides. La vérité nous oblige à dire qu'il avait plusieurs défauts, notamment un caractère vif, irascible et rancuneux. N'en soyons point surpris, puisque nous sommes tous nés dans la corruption, enclins au mal, incapables par nous-mêmes de faire le bien.

Ce fut à l'époque où ce jeune homme se préparait pour sa première communion, que ses parents s'aperçurent avec joie du changement qui s'opérait dans son cœur. Il se retirait souvent dans son cabinet pour prier, il lisait avec assiduité les saintes Ecritures, il était devenu doux, obéissant, réservé dans ses propos, et il fuyait les vains plaisirs du monde. A l'école, dirigée alors par ma belle-sœur, il était le modèle des catéchumènes par son zèle et par sa piété; tous s'adressaient à lui quand ils étaient embarrassés dans l'exécution de leur travail, et il les aidait avec une patience et un empressement qui ne se sont jamais démentis. Aussi ma belle-sœur et les élèves avaient-ils conçu pour lui une amitié peu commune! Moi-même, témoin journalier de sa conduite exemplaire, je le voyais avec intérêt croître en connaissance et en sainteté; j'admirais en lui le pouvoir merveilleux de la grâce du Seigneur, et je disais : « Si Dieu commence son œuvre en cet enfant, sans doute il l'achèvera. »

Voici la prière qu'il composa quelques jours avant sa première communion, et que j'ai précieusement conservée.

« O Jésus-Christ ! ô mon Sauveur ! puisque tu me fais la grâce de m'approcher bientôt de la sainte Table, fais que je n'y aille pas avec un cœur froid, sans zèle et sans amour pour toi, mais avec la ferme résolution de t'être fidèle et de t'obéir jusqu'à la mort. Je suis fâché, ô mon Sauveur, de t'avoir offensé ; pardonne-moi toutes mes fautes, je m'en repens. Je ne veux désormais vivre que pour t'aimer et pour te servir. Assiste-moi par ton Saint-Esprit. Tu as fait tout pour moi, tu as souffert la mort la plus cruelle et la plus douloureuse pour me racheter, moi qui suis un grand pécheur, et je pourrais encore être un ingrat! non, Seigneur; tu es trop bon pour que je sois méchant. Tes grâces ont pénétré jusqu'au-dedans de mon cœur. Préserve-moi, Seigneur, de communier indignement; préserve-moi d'hypocrisie, et que je sente profondément tout ce que ma bouche dira de bon et de véritable. Seigneur, si je venais à m'égarer, que la pensée de ton amour me fasse aussitôt rentrer en moi-même, et me remplisse de sagesse, afin que je sois un jour au nombre de ceux que tu mettras à ta droite et que tu placeras dans ton royaume. Amen. »

Cette première communion si désirée eut lieu le jour de Pâques, 1836. Ce fut avec une émotion visible, avec un cœur plein d'humilité et de reconnaissance que Momméjà participa au banquet de l'Agneau qui ôte les péchés du monde. Depuis lors, il n'a cessé d'être parmi nous en bon exemple, de montrer sa foi par ses œuvres, bien différent de beaucoup d'autres jeunes gens qui ne tardent pas à violer leurs promesses, à vivre comme s'ils étaient sans espérance et sans Dieu. Hélas! que leur sort est à plaindre! comme nous devons prier pour qu'ils rebroussent chemin vers les témoignages de l'Eternel!

Revenons à notre bien-aimé Momméjà, et voyons de quelle manière il employait son temps.

C'était lui qui d'ordinaire célébrait dans sa famille le culte domestique; mais il ne se bornait pas à cette dévotion générale, il avait ses heures pour s'entretenir seul avec son Dieu, lui confesser ses péchés, et lui demander ses bénédictions. Racheté à grand prix, il ne se conformait point au siècle présent, il glorifiait le Seigneur dans son corps et dans son esprit qui lui appartiennent.

La sainte Bible était son livre de prédilection, il suivait avec une rare exactitude ce précepte de Jésus-Christ : « Son-
» dez les Ecritures, car vous estimez avoir

» par elles la vie éternelle, et ce sont elles » qui rendent témoignage de moi. » Sa mémoire était enrichie des portions les plus saillantes de l'Ancien et du Nouveau-Testament, et il a laissé plusieurs cahiers remplis des passages les plus remarquables sur les vérités et les devoirs du christianisme. Il lisait, en outre, tous les bons ouvrages religieux, soit anciens, soit modernes, qu'il pouvait se procurer. Ma bibliothèque recevait souvent sa visite. Il couchait par écrit les choses qui lui paraissaient le plus intéressantes, et il les apprenait par cœur (1).

(1) Voici la liste de quelques-uns des livres qu'il avait médités.

Les consolations contre les frayeurs de la mort. Les visites charitables et les sonnets de Drelincourt. L'esprit de Saurin. Entretiens solitaires d'une âme dévote avec son Dieu. Le voyage du chrétien vers l'éternité bienheureuse. La nourriture de l'âme. Les devoirs des communiants. La chaîne d'or. Le souvenir chrétien. Le pain quotidien. Le bon berger. Dernières paroles de feu J. M. Les sermons de Claude, de Durand, de

Si quelqu'un se souvenait du jour du repos pour le sanctifier, c'était notre cher Momméjà. Jamais il ne désertait nos mutuelles assemblées comme quelques-uns ont malheureusement coutume de le faire. Il était toujours un des premiers dans la maison du Seigneur. Au moment où j'écris ces lignes, il me semble que je le vois, grave et recueilli, assis à la tribune, au service du matin, et derrière le banc du

Cellérier et autres prédicateurs. Conversations entre un pasteur et son paroissien. La vie de Jean Newton; celles de Thomas Halyburton, de Félix Neff, de Mme Newel. L'histoire ecclésiastique de Milner. Plusieurs chapitres de l'histoire de la réformation, de Merle d'Aubigné. Plusieurs ouvrages de controverse. Les traités religieux publiés jusqu'à ce jour. L'ami de la jeunesse (il en avait copié toutes les poésies). Cantiques chrétiens à l'usage des assemblées religieuses. Les chants de Sion, etc., etc. En un mot, il se plaisait à la lecture de tout ce qui élevait l'âme à Dieu, il s'amassait un trésor de saintes connaissances, il mûrissait pour l'éternité aux doux rayons du Soleil de justice.

consistoire, au service du soir. Il me semble que je l'entends nous lire quelquefois la Parole de Dieu, à la grande édification des fidèles, qui, témoins de sa piété, entouraient sa jeunesse d'amour et de vénération. Il était tellement rongé du zèle de la maison de l'Eternel, que lorsque le chemin était difficile et fangeux, il transportait sur ses épaules, jusqu'à l'entrée de la ville, une tante âgée, et qui ne marchait qu'avec beaucoup de peine. Puis, il la soutenait jusqu'au temple en lui donnant le bras, heureux de lui faire oublier ainsi ses infirmités et sa vieillesse! heureux de lui fournir les moyens d'écouter encore la bonne parole du Seigneur! Femme vénérable, maintenant personne ne te rendra ce pieux office, console-toi, en songeant que ton neveu est un bourgeois et un citoyen du ciel; console-toi, ton pèlerinage touche à son terme, tu iras bientôt le rejoindre dans le séjour de l'éternelle félicité.

Notre frère ne sortait jamais du temple sans déposer son offrande dans le tronc des pauvres. Quand sa bourse était vide, il s'adressait à son père ou à sa mère, et il n'essuyait point de refus, parce qu'il ne faisait aucune dépense mal à propos. Tandis que la plupart des jeunes gens de son âge ne désirent de l'argent que pour assouvir des passions vaines ou criminelles, pour lui il pensait aux malheureux, aux missionnaires évangéliques, aux sociétés bibliques, aux établissements utiles. Je puis le dire, aujourd'hui que je ne crains pas de blesser sa modestie, lors d'une collecte qui se fit dans notre église en faveur des orphelines protestantes de Montauban, personne ne versa dans la bourse une somme plus forte que la sienne. Puisse sa charité trouver parmi nous de nombreux imitateurs! Celui qui donne au pauvre prête à l'Eternel qui lui rendra son bienfait.

Jamais on n'a vu notre frère ni aux fêtes votives, ni dans les cabarets, ni dans aucune réunion mondaine. Quand on lui parlait de ces choses, il disait avec juste raison que nul ne peut servir deux maîtres. Dans l'intervalle des deux exercices religieux, il se rendait chez une femme pieuse, aujourd'hui directrice des orphelines, il lisait les bons livres, il causait chrétiennement avec elle, et souvent il répétait : « Nous sommes contents, bien contents, et grâces à Dieu notre joie est sans remords. » Les exercices religieux du dimanche terminés, il se hâtait de rentrer dans sa famille. Là, dans une douce paix, il repassait en lui-même les exhortations qu'il avait entendues, il méditait de nouveau sa Bible, ou bien il copiait quelques pensées intéressantes d'un livre de piété; quelquefois il se hasardait à composer une prière ou un cantique. Que de saintes heures il a passé dans ces évangéliques occupations! Que de bonheur il goûtait dans une pareille vie cachée avec Christ en Dieu! Cette vie cachée, il aimait surtout à la partager avec une de ses sœurs, jeune personne qui a fait sa première communion l'année dernière, et qui, par la bénédiction du Saint-Esprit, est aussi animée de sentiments chrétiens. Retirés dans l'endroit le plus solitaire de leur maison, ils lisaient chacun de son côté, puis ils se faisaient part de leurs lectures, ils se communiquaient mutuellement leurs idées, et priaient ensemble. Ils agissaient de même dans les prairies où ils se rendaient de temps en temps pour faire paître leurs bœufs, et lorsqu'ils allaient travailler à la campagne, ils s'arrangeaient de manière à n'être point séparés; c'était un délassement et un charme pour eux de s'entretenir des bienfaits et des miséricordes du Seigneur. Ils n'étaient qu'un cœur et qu'une âme. La mort a rompu cette union touchante; mais j'espère au Seigneur que cette nouvelle Marie ne cessera point de marcher sur les pas de son frère, de devenir de jour en jour une plus humble servante de Jésus-Christ. Déjà elle m'est d'une grande utilité pour l'instruction des enfants de l'église.

Que Dieu la conserve et la couronne de ses grâces !

Notre bien-aimé Momméjà tressaillait de joie au retour de nos solennités, il bénissait le Seigneur de ce qu'il lui permettait encore de participer à la sainte Cène. C'était bien lui qui se présentait avec la robe de noces. Son exemple était la condamnation silencieuse, mais vivante de ceux qui ne communient point, ou qui communient sans préparation, sans foi, sans humilité, sans repentance et sans amour.

Cher enfant ! tu serais digne de nos éternels regrets si nous ne savions que tu es assis à table, dans le royaume des cieux, avec Abraham, Isaac et Jacob.

Si vous parliez à son père et à sa mère, ils vous diraient : « Notre fils craignait toujours de ne pas nous témoigner assez de respect et d'obéissance. Quel que fût le travail que nous lui commandassions, il était toujours prêt. Son désir de nous contenter était si vif qu'il s'occupait selon ses forces, souvent au-dessus de ses forces. Il était d'une telle sobriété que, dans nos repas, il attendait que tout le monde fût servi avant de rien demander pour lui. Il était si peu importun que, dans l'hiver, il ne prenait place au foyer qu'autant qu'il pouvait le faire sans déranger personne. En toutes choses, il fallait penser à lui parce qu'il s'oubliait lui-même. »

Si vous parliez à son frère aîné, il vous dirait : « Lors de mon départ pour l'armée, la veille de notre séparation, il mit au fond de mon havresac un Nouveau-Testament sans que je m'en aperçusse; son attention n'a pas été vaine. Ce livre précieux a été mon conseiller et mon guide dans une carrière où bien peu de bouches s'ouvrent pour louer le Seigneur, et où l'on marche environné de tentations et de piéges. »

Si vous parliez à son plus jeune frère et à ses plus jeunes sœurs, ils vous diraient : « Nous nous rangions autour de lui pour l'écouter, il nous enseignait des prières, des psaumes, des cantiques, des sonnets ; il nous racontait l'histoire des patriarches, celle de notre Sauveur Jésus-Christ, et il était bien joyeux quand nous retenions quelqu'une de ses instructions. »

Si vous parliez aux domestiques et aux ouvriers, ils vous diraient : « Quand nous allions aux champs, et qu'il nous accompagnait pour ne rentrer qu'à la fin de la journée, il prenait son Nouveau-Testament, et il savait toujours trouver quelques instants pour le méditer. Nous ne l'avons jamais entendu ni jurer, ni mentir, ni médire, ni prononcer le moindre discours déshonnête. S'il nous arrivait à nous de tomber dans ces fautes-là, il nous reprenait avec patience et douceur. Il nous inspirait tant de respect que sa présence seule suffisait pour nous retenir dans le devoir. »

Si vous parliez aux voisins, ils vous diraient : « Nous n'avions qu'à nous louer de ce jeune homme, il quittait tout pour nous rendre service ; c'est vraiment une grande perte que nous avons faite. »

Enfin, si vous parliez à un catholique très-pauvre, devenu aveugle à la fleur de son âge, il vous dirait en pleurant : « Je regrette beaucoup Momméjà, il venait souvent me voir, il me consolait par ses entretiens religieux, et ne me quittait jamais sans me laisser quelques secours pour soulager ma misère. »

C'est ainsi que notre frère, plein de reconnaissance envers le Seigneur, brillait d'un doux éclat dans sa famille et dans l'église. Le moindre éloge le jetait dans un embarras visible, vous deviniez à son humble silence la peine qu'il éprouvait ; ou, s'il ouvrait la bouche, il vous disait en baissant les yeux : « Je ne puis rien, je ne suis rien, je ne suis qu'un grand pécheur. » Ce langage il le tenait fréquemment à sa mère dans l'intimité de leurs conversations. Il est vrai que, par une suite naturelle de sa foi, sa conscience était devenue si délicate, qu'il sentait plus vivement que tout autre ses erreurs et ses faiblesses. Il est vrai encore que l'assurance de sa réconciliation avec Dieu, par Jésus-Christ, nourrissait dans son âme une tranquillité céleste qui se peignait avec une expression bienheureuse sur sa physionomie.

La santé de notre frère si florissante jusqu'à cette heure fut fortement ébranlée par la petite vérole, maladie que l'on ne redoutait pas, parce qu'il avait été vacciné. Son visage se gonfla, ses yeux se fermèrent, et les aliments les plus liquides ne passaient qu'avec peine dans son gosier enflammé. Il souffrit beaucoup, mais pour ne pas inquiéter sa famille il ne se plaignit point. Il attendit en paix, en patience et en prières la guérison de son mal. En feuilletant ses papiers, j'ai trouvé la prière et le cantique suivant, qui se rapportent sans doute à cette époque de sa vie.

« Eternel, mon Dieu, j'ai crié vers toi, et tu m'as guéri (Ps. XXX, 3).

» Seigneur, mon Dieu, je te rends mes actions de grâces pour tous les bienfaits que tu m'as accordés depuis le premier instant de ma naissance jusqu'à cette heure, particulièrement de la maladie par laquelle il t'a plu de me visiter sans qu'elle m'ait couché dans la tombe. Seigneur, je te remercie de ta grande bonté et de ta miséricorde envers moi pauvre pécheur. Fais, par ton Saint-Esprit, que cette légère affliction serve pour le bien et pour le salut de mon âme. Et puisque c'est toi qui m'as conservé la vie, Seigneur, fais-moi la grâce de te la consacrer en vivant désormais dans ton amour et dans ta crainte. Dessille mes yeux afin que je regarde aux merveilles de ta loi. Fais que comme Marie je trouve mon plus grand plaisir à écouter ta Parole et à l'observer; qu'elle soit comme une lampe à mon pied et une lumière à mon sentier. Fais que je la serre dans mon cœur afin que je ne pèche point contre toi. Et, s'il te plaît, Seigneur, de m'envoyer quelqu'autre affliction, que ta

Parole me soutienne et me console dans tous mes maux. Seigneur, remplis mon cœur de toutes sortes de vertus chrétiennes, et accorde-moi la grâce d'employer tout le temps que je passerai sur cette terre à me préparer à bien mourir. Lorsque viendra ma dernière heure, pardonne-moi tous mes péchés, lave mon âme dans le sang de Jésus-Christ, mon adorable Sauveur, et pour l'amour de lui, reçois-moi dans ton saint paradis. Amen. »

Père éternel, de me bénir
Jamais, jamais tu ne te lasses ;
C'est toi qui m'as voulu guérir,
Tu m'as empêché de mourir,
Reçois mes actions de grâces.

Je t'ai prié quand je souffrais,
Et tu m'as conservé la vie ;
Je suis comblé de tes bienfaits,
Pour tous les biens que tu m'as faits,
O Seigneur, je te remercie.

Pour moi tes soins sont infinis,
Sage auteur de ma délivrance ;
Je veux t'aimer en ton cher Fils ;

Je veux aller dans tes parvis
Publier ma reconnaissance.

Seigneur, je me consacre à toi
Dans une paix douce et profonde;
Par ton esprit veille sur moi,
Et sur les ailes de la foi
Fais-moi sortir de ce bas monde.

Un jour au ciel je te verrai,
Père des hommes, Roi des anges;
De ton bonheur je jouirai;
Et pour toujours j'exalterai
Ta gloire sainte et tes louanges.

Les voies du Seigneur ne sont pas nos voies, ses pensées ne sont pas nos pensées. Déjà notre frère avait repris le cours de ses travaux, nous le félicitions sur le retour de sa santé, lorsque au bout de quelque temps, sa poitrine inspira des craintes sérieuses. Hélas! il était travaillé par une toux fréquente, son visage s'amaigrissait, ses yeux perdaient leur éclat, son corps sa chaleur et ses forces. On lui conseilla le lait d'ânesse, il le prit, mais sans succès. Il fut visité par des médecins habiles, leur science resta sans efficace et sans vertu. Notre cher malade ne s'inquiéta point, et un jour que sa tendre mère lui disait en soupirant : « Mon ami, peut-être que si, à cette époque, nous avions fait tel remède, tu ne serais pas dans le triste état où je te vois. — Ma mère, lui dit-il, ne vous affligez pas, il me fallait cette maladie, puisque c'est Dieu qui me l'a envoyée. » Il prononça ces mots avec une douceur et une résignation admirables. Tant qu'il lui fut possible de marcher, nous eûmes la consolation de le voir aux assemblées religieuses, et l'intérêt qu'il inspirait était si universel que tout le monde se pressait autour de lui, au sortir du temple, pour lui demander de ses nouvelles. Un dimanche au soir, il nous dit : « Je ne puis presque plus me traîner. » Ces paroles nous serrèrent le cœur, nous élevâmes nos regards vers le ciel, et nous priâmes le Seigneur d'être le soutien de son âme. La maladie faisait des progrès alarmants, bientôt il ne quitta

plus sa chambre, ses pieds étaient enflés, ses genoux se dérobaient sous lui, il dépérissait à vue d'œil. Il était toujours calme et résigné; c'est que, justifié par la foi, il avait la paix avec Dieu par Jésus-Christ notre Seigneur. Mes visites devinrent alors plus fréquentes, et je le trouvais toujours saintement occupé. Tantôt il lisait sa Bible, tantôt quelque ouvrage de dévotion, ou bien il était en communion d'esprit avec Dieu par la prière. Que sa joie était grande quand nous méditions la Parole de vie, quand nos entretiens roulaient sur les miséricordes du Sauveur! Lorsqu'il entendait ces passages : « Il a été navré
» pour nos forfaits, et froissé pour nos ini-
» quités. Il n'y a maintenant aucune con-
» damnation pour ceux qui sont en Jésus-
» Christ. Je connais mes brebis, mes brebis
» me connaissent, et personne ne les ravira
» de ma main; » il ne savait comment exprimer sa reconnaissance, ses regards s'élevaient avec affection vers le ciel, des larmes tombaient sur ses joues. Jamais je ne

le quittais sans répéter dans le silence de mon cœur : « Christ est le gain de notre frère, soit à vivre, soit à mourir. »

Un jour, ces paroles : « Hélas ! que je suis méchant ! » sortirent de la bouche de notre frère ; une servante qui le soignait répliqua aussitôt : « Toi, méchant ! je voudrais bien être sage comme toi. — Pauvre fille, reprit le malade, ne dis point sage comme moi, dis sage comme Jésus-Christ, car lui seul nous a laissé un exemple afin que nous suivions ses traces. »

Un autre jour que je le trouvais très-faible, je lui dis : « Aie bon courage, mon enfant, et si ton extérieur tombe, prie Dieu pour que ton intérieur se renouvelle et se fortifie. — C'est ce que je fais, répondit-il ; je sens que Dieu est avec moi, je mets toute ma confiance en ses compassions qui sont éternelles. »

Dans une autre circonstance, je lui parlais de ces gens pauvres qui, dans leurs maux, manquent de beaucoup de choses nécessaires, et sont, par conséquent fort à plaindre. « Ah! dit-il, vous avez raison; aussi moi, je m'estime bienheureux, et j'en rends grâces au Seigneur. Voyez, je suis couvert de bons vêtements, je suis assis auprès d'un bon feu, mes parents me soignent avec une grande tendresse et me procurent tout ce que je puis désirer. Oui, je suis bienheureux. »

Une après-midi, son plus jeune frère, qui revenait de l'école, nous fournit l'occasion de nous entretenir des erreurs de l'Eglise romaine; j'en avais déjà passé plusieurs en revue lorsque, s'apercevant que je gardais le silence, il me dit : « Monsieur, il y en a une que vous avez oubliée. — Et laquelle, mon ami? — Le mérite des œuvres, car vous savez que si nous sommes sauvés, c'est par grâce, c'est un don de Dieu; ce n'est point par les œuvres, afin que personne ne se glorifie. »

Deux jours avant sa mort, notre frère pria ses parents de lui pardonner les chagrins qu'il pouvait leur avoir causés; il déclara aussi que, s'il avait fait de la peine à quelqu'un, en quoi que ce soit, il s'en repentait bien sincèrement.

Le dimanche 9 décembre, le dernier qu'il ait passé en ce monde, je fus le voir avec ma femme, ma belle-sœur et quelques autres personnes. Il venait de se lever, nous l'engageâmes à prendre un peu de nourriture; alors il se lava les mains, ôta son bonnet, fit une courte prière, et sur nos instances, il mangea, mais sans appétit et sans goût, les aliments que sa mère lui avait préparés. Ce léger repas terminé, sa sœur lut le XXIe chapitre de saint Jean, et nos réflexions roulèrent sur cette triple question du Sauveur : « Simon, fils de Jona, m'aimes-tu ? » Nous fûmes frappés du profond recueillement de notre cher malade. Ma belle-sœur récita un sonnet et un cantique. Puis, nous nous mîmes à genoux, et nous fîmes la prière. Avant de nous séparer, je dis à notre frère : « Saint Paul désirait de déloger de ce monde, pour être avec Jésus-Christ, ce qui lui était infiniment meilleur ; que penses-tu de cela ? — Je suis dans les mêmes sentiments que saint Paul, telle fut sa réponse. — C'est bien, mon ami, que Dieu conserve et fortifie ces précieux sentiments dans ton cœur. — Priez toujours pour moi, » me dit-il, avec un sourire angélique, et en me serrant la main. La soirée se passa encore en lectures religieuses et en prières ; puis, il se mit au lit, et son père resta pour le veiller. La nuit était près de finir, l'aube du jour commençait à paraître, lorsque notre bien-aimé Momméjà rendit son âme à Dieu, sans effort et sans agonie.

Un voisin de la famille m'apporta la nouvelle de cette mort que je ne croyais pas si proche ; des pleurs coulèrent de mes yeux, et je m'acheminai vers cette demeure toute remplie de soupirs, de sanglots et de larmes. « Qu'il est triste, disaient le père et la mère désolés, qu'il est triste de perdre un enfant si pieux et si aimable ! » La foi, venant ensuite au secours de la nature, ils ajoutaient avec résignation : « Que la volonté de Dieu soit faite! Il est plus heureux dans le ciel qu'avec nous. »

Le lendemain, nous accompagnâmes au sépulcre le corps inanimé de notre ami; beaucoup de larmes furent versées sur sa tombe par un peuple nombreux accouru de la ville et de la campagne pour lui rendre les derniers devoirs. Je profitai de cette circonstance solennelle pour rappeler quelques-unes des qualités du défunt, et pour rendre gloire, non point à l'homme mortel, mais à l'Auteur de tout don parfait et de toute grâce excellente.

> Ainsi, quand l'homme peut avoir
> Des enfants sages et bien nés,
> C'est Dieu seul qui les a donnés;
> C'est de Dieu qu'il doit recevoir,
> Comme un présent de sa bonté,
> Cette heureuse postérité.
>   Ps. CXXVII.

Pères et mères, bénissez l'Eternel si vous possédez des enfants qui, comme Pierre Momméjà, s'appliquent à vivre, dans ce monde, en vrais chrétiens. Jeunes gens, efforcez-vous de lui ressembler; comme lui ne servez d'autre maître que Jésus-Christ, et vous aurez choisi la bonne part qui ne vous sera jamais ôtée. Nous tous, moi qui écris ces lignes, et vous qui les lisez, tenons-nous prêts, car nous ne savons ni le jour, ni l'heure à laquelle Dieu nous demandera compte de notre administration.

Seigneur, aie pitié de nous, car nous sommes de pauvres pécheurs! Seigneur, rends-nous les objets de ton éternelle miséricorde! En ton sang, en tes mérites infinis, nous reposons tout notre espoir, toute notre consolation, toute notre félicité. Amen.

Fragment d'une lettre écrite par Momméjà aîné à son frère, et arrivée le jour même du décès de ce dernier.

Tu sais, mon cher frère, que les pieds de ceux qui annoncent la paix sont beaux;

ainsi, il me sera bien doux d'être auprès de toi, moi qui depuis si longtemps suis privé d'entendre aucune de ces personnes qui annoncent cette paix, car dans l'état de soldat, on trouve bien peu de personnes dont la bouche s'ouvre pour louer le Seigneur. J'aurais bien souffert si je n'avais eu ce petit Nouveau-Testament que tu eus la bonté de mettre dans mon havresac la veille de notre séparation. Je le lis souvent avec d'autant plus de plaisir, qu'il me rappelle l'amitié du meilleur des frères, et qu'il m'enseigne à ne point m'écarter de la voie qui conduit au salut, comme j'aurais pu le faire si un guide semblable n'eût été là pour m'avertir, et me tirer de temps en temps des mauvais sentiers dans lesquels j'aurais été entraîné par les exemples et les conseils de mes camarades, peu remplis de cet amour de Dieu dont nous avons tous tant besoin si nous ne voulons pas nous perdre.

Mont-Louis, 3 décembre 1838.

Liste de quelques-uns des chapitres de l'Ancien et du Nouveau-Testament lus et médités pendant les derniers temps de la vie de Pierre Momméjà.

Ps. XXIII, LI, CIII, CXVI, CXXX. Esaïe, LIII. Saint Matthieu, XI. Saint Luc, XV. Saint Jean, I, III, XVII. Romains, V, VI, XII. 1re Corinthiens, XV. 1re Thessaloniciens, IV, V. Apocalypse, III, XXI, XXII.

FIN.

www.ingramcontent.com/pod-product-compliance
Lightning Source LLC
Chambersburg PA
CBHW060546050426
42451CB00011B/1812